Papier-Vélin

R.

31276

DISCOURS

PRONONCÉ

A LA DISTRIBUTION DES PRIX

DES ECOLES CENTRALES

DU DÉPARTEMENT DE LA SEINE,

Le 29 Thermidor an 9.

DISCOURS

SUR

LES PROGRÈS

DES CONNAISSANCES EN EUROPE,

ET DE L'ENSEIGNEMENT PUBLIC EN FRANCE.

Par M. J. CHÉNIER, de l'Institut National.

DE L'IMPRIMERIE DE DIDOT JEUNE.

AN IX.

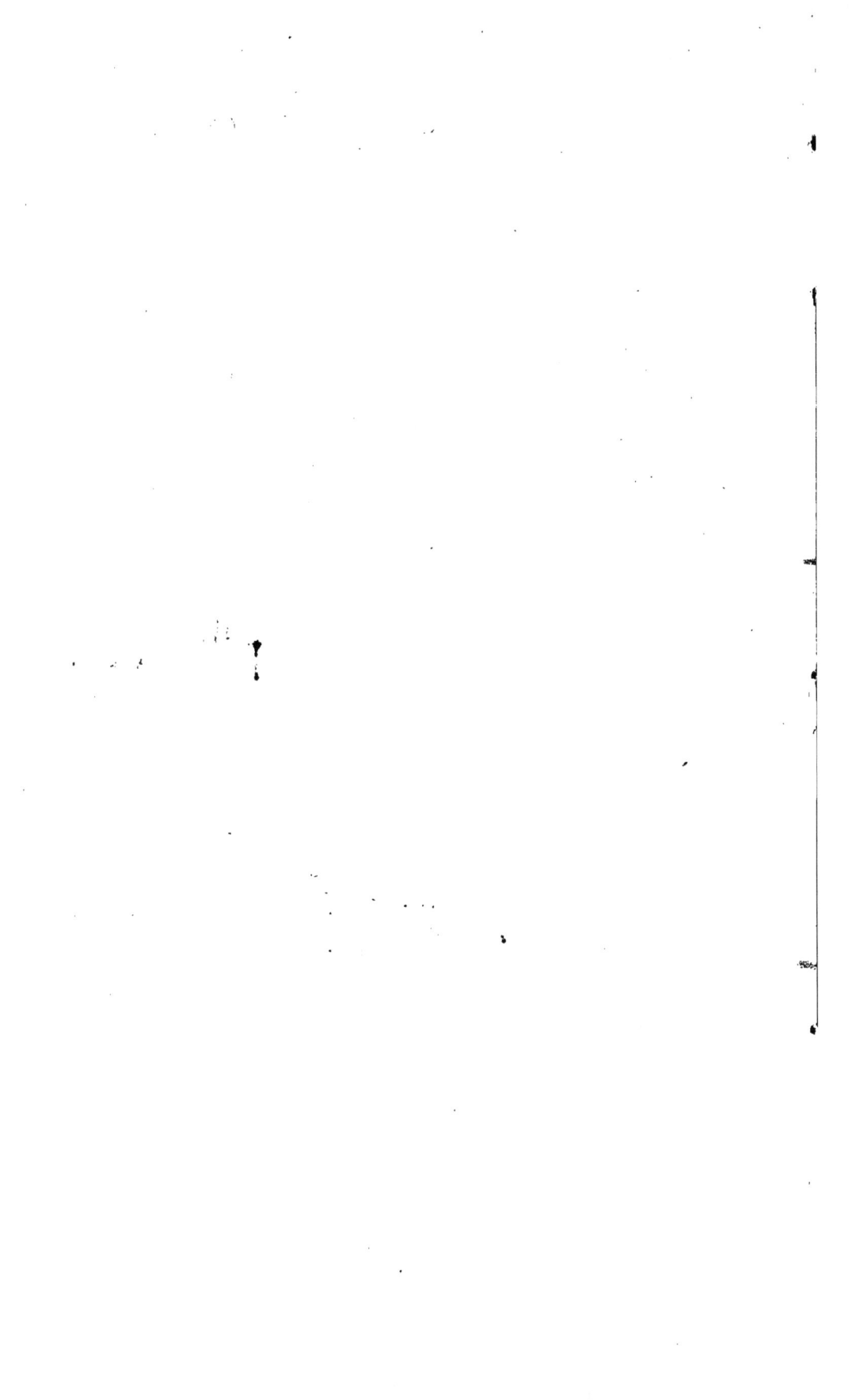

DISCOURS

LES PROGRÈS

DES CONNAISSANCES EN EUROPE,

ET DE L'ENSEIGNEMENT PUBLIC EN FRANCE.

———

CITOYENS,

Chargé de porter la parole en cette occasion solennelle, je sens tout le poids du devoir qui m'est imposé ; je me félicite cependant d'un choix trop honorable. Il me donne le droit de rendre, au nom du jury des Écoles centrales, un témoignage public de reconnaissance et d'estime à tant d'habiles professeurs dont le zèle infatigable égale les

1

talents éprouvés. La jeunesse confiée à leurs soins ne restera pas étrangère à nos éloges. Le concours actuel prouve, avec éclat, les efforts heureux des élèves pour se rendre dignes de leurs maîtres. Mais en proclamant les succès d'un établissement récent encore, et déja victorieux de nombreux obstacles, il ne sera peut-être pas inutile de jeter un coup-d'œil sur les siècles qui nous ont précédés, d'esquisser en traits rapides, de diviser en tableaux historiques, de comparer entre eux, à des époques successives, et les progrès des connaissances en Europe, et les progrès de l'enseignement public en France. Quand nous serons une fois parvenus au point où le nouveau système a remplacé l'ancien mode, il deviendra facile de juger si l'institution abandonnée n'était pas vicieuse, à la fois, dans ses détails et dans son ensemble ; si la nouvelle, au contraire, n'est pas le résultat de l'accroissement des lumières universelles ; si, dans l'état même où elle se trouve, il ne serait pas injuste de dissimuler le haut degré de perfectionnement où elle a porté l'instruction, premier besoin des hommes en société, première dette de la société envers ses membres, premier objet des soins d'un gouvernement ami des hommes.

Soit qu'on veuille placer l'origine de l'Université de Paris sous Philippe-Auguste, ou sous la fin du règne de Louis-le-Jeune, soit que, remontant plusieurs siècles, on lui donne Charlemagne pour fondateur, ce n'est pas à une époque si lointaine, ce n'est pas même dans le cours des âges qui l'ont immédiatement suivie, que l'on peut raisonnablement chercher parmi nous les progrès de l'enseignement public. Quel pouvait être en effet l'enseignement dans un pays où aucune science n'existait encore? Ce qu'il était dans l'Europe entière, en ces temps de barbarie universelle. Chaque jour, la tyrannie féodale étendait, fortifiait ses racines, sous les successeurs du vaste empire, et non du génie de Charlemagne. Une noblesse, exclusivement guerrière, plaçait l'ignorance au premier rang de ses priviléges ; la science, ou du moins ce qu'on appelait ainsi, était reléguée, avec mépris, dans les monastères et parmi les prêtres, tandis que, par une contradiction apparente, qui n'était pourtant que la suite nécessaire d'un tel ordre de choses, on laissait s'accroître immodérément la richesse et la domination sacerdotales. En vain quelques esprits supérieurs, flambeaux jetés par intervalle au milieu de cette longue nuit, un Suger dans le ministère, un Louis IX sur le trône, posaient d'une main bienfaisante et courageuse les premières bases de la justice civile et de l'administration publique. Tributaires eux-mêmes des préjugés de leur siècle, ils ne pouvaient encore fonder le véritable enseignement. Tout sommeillait en France, tout, jusqu'à l'imagination qui charme l'esprit humain, long-temps avant que la philosophie vienne l'éclairer. Notre langue et notre littérature étaient bien loin d'essayer leurs forces. Elles restaient plongées dans une enfance débile, au temps même où le génie du Dante créait le génie de la langue toscane, où Bocace le perfectionnait par la clarté, où Pétrarque l'embellissait par l'élégance et l'harmonie.

La théologie composait la partie la plus considérable des études. Elle seule donnait l'influence et la renommée; elle gouvernait le monde du fond des cloîtres et des colléges. C'est elle qui faisait régner tour-à-tour sur l'opinion des peuples un Bernard alors puissant par l'éloquence, mais que l'histoire ne cite plus que pour lui reprocher une croisade malheureuse, et le divorce impolitique de Louis-le-Jeune; un Abailard plus cher à la postérité par ses malheurs que par sa doctrine; un Scot, un Bonaventure, un Thomas d'Aquin, les Oracles de l'Ecole; un Pierre Lombard surnommé le maître des Sentences; un Albert qui serait encore appelé grand, si la multitude et le poids des volumes suffisaient pour assurer un pareil titre. Aux études purement théologiques, se joignaient le droit canon, quelquefois même un peu de droit civil, mais sans suite et souvent abandonné; au lieu de philosophie, l'explication de quelques livres d'Aristote, livres qui, depuis long-temps connus, commencèrent à devenir en vogue durant le cours du onzième siècle; la rhétorique, dans le siècle suivant, faisant une apparition subite, et s'éclipsant tout-à-coup; ajoutez de grossiers éléments des lettres grecques et romaines; une grammaire aussi vaine dans ses principes que dans ses résultats; une connaissance informe des mathématiques dans lesquelles on faisait entrer la musique, c'est-à-dire le chant d'église; enfin, quelques notions de physique et d'astronomie, faibles traditions des Arabes. Ces notions étaient défigurées par tous les rêves de l'alchimie, de l'astrologie judiciaire et de la magie; rêves d'autant plus respectés alors, qu'ils étaient plus chimériques: car l'ignorance aime les prodiges; elle éprouve toujours le besoin de croire. On sent bien que de telles études ne présentaient nul examen, nulle méthode, et par conséquent nul progrès. Les diverses parties de l'enseignement s'embrouillaient, s'enchevêtraient, pour ainsi dire, et venaient toutes se confondre dans les subtilités de la scolastique. Six siècles n'avaient encore enfanté que la science de la dispute, et l'art d'obscurcir toutes les questions par une interminable controverse.

Vers le milieu du quinzième siècle, époque à jamais solennelle, un obscur habitant de Mayence, Jean Guttemberg, imitant le procédé de la gravure, alors récemment inventée, mérita un immortel souvenir par la découverte de l'imprimerie. A Rome, à Venise, à Paris, les hommes intéressés à conserver précieusement le dépôt de toutes les erreurs, voulurent étouffer dans sa naissance cette merveilleuse découverte. Ils étaient fidelles à leur profession, et conséquents à leurs principes. Ils sentaient que l'imprimerie devait changer le monde, puisqu'elle faisait partir l'esprit humain d'un point déterminé, et que, par cela seul, elle lui prescrivait une marche indéfiniment progressive. Les grands événements se pressaient alors : l'empire d'Orient expirait ; Mahomet II élevait la puissance ottomane sur les débris du trône de Constantin ; chassés des confins de l'Europe, les Grecs du Bas-Empire refluaient vers l'Italie, la France et l'Allemagne, avec les traditions des langues savantes et de la saine littérature. Les manuscrits, long-temps relégués dans les

cloîtres, ou confiés à des mains peu nom-
breuses, furent bientôt multipliés à l'infini
par l'industrie des Fauste, des Schœffer,
des Sweyneim, des Pannarts, des Jenson,
des Géring, des Aldes. Les éditions sorties
de leurs presses célèbres sont encore aujour-
d'hui placées au rang des modèles typogra-
phiques, et consultées comme les manuscrits
eux-mêmes. Alors s'élancèrent de leurs vieux
monuments les ombres des écrivains illustres
de l'antiquité. Alors revécurent pour tous
les siècles Homère, le plus sublime, Virgile,
le plus parfait des poètes ; Aristote et Pline,
observateurs et confidents de la nature; Tite-
Live, qui, sujet d'Octave, décrivait si pom-
peusement la gloire de la République
absente ; Tacite, qui, sous la tyrannie pré-
sente, burinait les crimes des tyrans; Cicé-
ron, sauveur de sa patrie, et par-là même
plus grand qu'eux tous, homme éternellement classique, et dont le nom sera prononcé avec vénération, tant que l'on chérira
sur la terre la philosophie, l'éloquence et
la liberté. Tandis que Lascaris, Démétrius-
Chalcondile, Politien, Sannasar, faisaient

refleurir en Italie l'élégance attique et l'urbanité romaine ; Purbach, Régiomontanus, Bernard Walther, au sein de l'Allemagne, relevaient les mathématiques et l'astronomie. Partout s'accumulaient en même temps les conquêtes du génie, du travail et du courage. Vasco de Gama dirigeait l'aiguille aimantée, invention longtemps inutile d'un siècle ignorant et timide. Il découvrait de nouvelles mers, Christophe Colomb un nouveau monde. L'intelligence humaine, prenant un essor puissant et rapide, souriait à l'immense carrière qui lui restait à parcourir.

Sous de tels auspices s'ouvrit cet imposant seizième siècle, si plein d'hommes et de choses, si fertile en talents élevés, en caractères profonds, en révolutions mémorables. La belle Italie reconquit sa gloire antique : tous les germes conservés dans cette terre féconde semblaient en sortir et se développer à la fois. Raphaël créait le chef-d'œuvre de la Transfiguration ; Bramante élevait la Basilique de Saint-Pierre ; Michel-Ange, égal de tous les deux, et sans égal dans la sculpture, portait avec eux les arts du dessin à un degré de perfection qu'ont à peine soutenu, durant le même siècle, Corrége, Jules Romain, les Caraches, Titien, Paul Veronèse et Palladio. La poésie n'avait pas un moindre éclat. La Jérusalem délivrée du Tasse, prenait son rang auprès de l'Iliade et de l'Enéide; l'Arioste obtenait une palme, peut-être encore plus brillante, dans un genre inconnu aux anciens; Machiavel sondait les profondeurs de la politique, et Guichardin rendait à l'histoire sa sévérité majestueuse. Quelques rayons de cette vive lumière se répandirent sur le reste de l'Europe. Ils firent éclore en Portugal un Camoëns, en Espagne un Cervantes, en Angleterre un Shakespeare, génie inculte, mais abondant et vigoureux, parmi nous enfin l'élégant Malherbe, le plus ancien des classiques français. La physique, l'astronomie, les mathématiques faisaient aussi des pas immenses. Copernic, en Prusse, renversait le système planétaire inventé, ou plutôt complété par Ptolémée. Il y substituait cette théorie sublime des planètes tournant sur leur axe autour du soleil immobile au centre du monde. Le Danois Tichobrahé, moins heureux en physique générale, portait beaucoup plus loin la science astronomique, soit en multipliant les découvertes, soit en perfectionnant les instruments destinés à l'observation. Viéte, géomètre habile, dont la France, sa patrie, ne doit pas négliger la gloire, appliquait le premier l'algèbre à la géométrie. Ses diverses méthodes pour construire ou pour résoudre les équations, préparaient les vastes progrès du siècle suivant dans l'analyse mathématique. Le calendrier grégorien s'établissait; inférieur au calendrier actuel, mais supérieur à celui qu'il remplaçait, il était repoussé comme nouveau par la même classe d'hommes qui maintenant le protège, comme ancien; esprits paresseux et jaloux, dont la raison sans mouvement voudrait paralyser la pensée humaine. Heureusement d'autres esprits assurent sa marche indépendante; et le seizième siècle en possédait beaucoup de cette trempe. Dans les parties même où l'on n'avait encore rien appris, on savait déja désapprendre. Ramus attaquait avec courage les vaines subtilités de la logique et de la métaphysique d'Aristote; et, dans le beau livre des Essais, le génie indépendant de Montaigne introduisait le scepticisme jusque dans la philosophie morale. L'esprit de doute, commencement de la vraie science, abordait même les questions théologiques où il était beaucoup mieux placé, mais d'où long-temps une foi docile avait banni tout examen comme un sacrilége. Il est vrai qu'on était bien loin encore des principes si simples de cette liberté religieuse, fondée par la législation des États-Unis d'Amérique, et adoptée par la législation française. Mais déja Luther, Zuingle et Calvin, successeurs de Jean Hus et de Jérôme de Prague, ébranlaient le trône apostolique, usé par les longues guerres de l'empire et du sacerdoce. Le luthéranisme établi en Suède et en Danemarck, à la voix du premier Gustave; les différents schismes d'Allemagne, ceux de Zurich, de Berne, de Genève, opérés par une discussion paisible ; et enfin le grand schisme d'Angleterre, commandé par le capricieux despotisme de Henri VIII, en affaiblissant les pontifes romains, sapaient dans ses bases vieillies jusqu'à la puissance ecclésiastique. En tous lieux, le fanatisme accoutumé à l'empire, se vengea par des guerres et des crimes, mais nulle part si long-temps ni si cruellement qu'en France. Sous le règne faible et sanglant des enfants de Médicis, tant de calamités furent stériles. Ailleurs, la raison publique en recueillit les fruits. Jadis, en persécutant un peuple rustique et fier, la maison d'Autriche avait perdu l'Helvétie : de nouvelles persécutions exercées par la maison d'Autriche, firent encore un peuple libre. Philippe et son inquisition dressèrent des buchers ; mais du sein des buchers du Brabant, il s'éleva une étincelle qui enflamma les cœurs indignés ; et la république batave exista.

Si l'enseignement public, en France, ne suivit que d'un pas timide la marche de l'esprit général, durant l'époque vaste et bril-

lante que nous venons de parcourir, il fit
pourtant des progrès dignes d'attention. La
justice et la saine critique ordonnent de les
faire remarquer. Une année avant la chute
de l'empire d'Orient, par conséquent avant
la véritable renaissance des lettres, le car-
dinal d'Estouteville, légat du Saint-Siége,
donna de nouveaux statuts à l'Université de
Paris. Il eut pour objet principal la police
intérieure des colléges, les rapports des diverses facultés entre elles et l'administration
du corps entier. Par une disposition qui,
certes, n'est pas la moins curieuse, il permit
aux médecins de se marier ; il réforma quelques abus relatifs aux mœurs et à la disci-
pline ; mais il ne s'occupa que superficielle-
ment de l'amélioration des études. Cependant
quelques années après, une chaire de langue
hébraïque fut instituée dans l'Université de
Paris. La rhétorique, totalement oubliée
durant trois siécles, y reparut moins im-
parfaite, sous les auspices de Grégoire de
Tipherne, disciple de cet Emmanuel Chri-
solore, qui, dès la fin du quatorzième siècle,
avait ranimé dans l'Italie l'étude des littéra-

tures anciennes. On remit la langue grecque
en honneur ; elle fut professée par le même
Grégoire de Tipherne , ensuite par Hermo-
nyme de Sparte , et Andronicus de Thessa-
lonique. Le nouvel enseignement n'obtint
pourtant pas des succès rapides jusqu'à l'établissement du collége de France. En fon-
dant cette école célèbre , François premier
voulait y confier aux soins d'Erasme la di-
rection des études; mais le savant hollandais
craignit un peu le voisinage de la Sorbonne.
Si la théologie ne fit point partie de l'enseignement public au collége de France , ce fut
sans doute par respect pour cette même Sorbonne. En effet , le but de l'institution nouvelle était d'embrasser le cercle entier des
connaissances humaines , et toutefois on ne
peut supposer à son fondateur, dans le temps
même où il faisait brûler des hérétiques ,
l'idée très-saine , mais évidemment précoce,
de n'avoir pas compté la théologie parmi les
véritables sciences. Quoi qu'il en soit , on
enseignait, au collége de France , la langue
hébraïque , la langue grecque , et même la
langue latine , alors défigurée dans les autres

colléges, comme l'avoue ingénument l'his-
torien de l'Université, ou, pour mieux dire,
son apologiste. On y enseignait encore les
mathématiques, l'astronomie, la philosophie, la médecine. Ces diverses connaissances étaient divisées en autant de cours par-
ticuliers. Un si bel établissement, conforme,
dès son origine, aux principes d'une saine
instruction, et depuis sans cesse complété
par de nouveaux cours, sans cesse perfection-
né pour les méthodes d'enseignement, méri-
tait de survivre avec honneur à des institutions que le fanatisme de la routine a pu seul
maintenir si long-temps, et pourrait seul re-
gretter. Entre les premiers professeurs du
collége de France, on vit briller un Danès,
un Vatable, et même, après la mort de François premier, cet infortuné Ramus, déja célèbre par sa thèse contre Aristote, mais qu'un
arrêt du conseil avait condamné à laisser la
philosophie péripatéticienne souveraine paisible des écoles. Cet esprit ardent et novateur,
incapable de fléchir sous le joug des habitu-
des gothiques, voulut réformer les études
de l'Université de Paris. Son plan renfer-

mait des idées excellentes, soit pour ramener
les leçons publiques, car il n'appelait pas
ainsi les leçons de l'Université, soit pour
bannir entièrement des études le fatras de la
scolastique ; car il n'osait plus nommer
Aristote, si puissamment protégé par l'Université, le Parlement et le Conseil d'état. Ce
plan n'eut aucune exécution. Dix ans après,
Ramus, enveloppé dans les proscriptions de la
Saint-Barthélemi, périt victime d'une super-
stition féroce, peut-être même de ces haines
individuelles qui, durant les troubles civils,
ne manquent jamais d'employer des armes
sacrées. La fondation du collége des Jésuites,
sous le règne de Charles IX, augmenta l'influence de cette ambitieuse société, sans
amener des changements remarquables dans
le système des études. Henri IV, après avoir
calmé de longs orages politiques, opéra une
nouvelle réforme dans l'Université de Paris,
la dernière a née du seizième siècle. Les humanités grecques et latines se perfectionnè-
rent par l'étude approfondie, par l'interpré-
tation exclusive des grands modèles de l'antiquité : mais l'enseignement de la philosophie

demeura aussi imparfait, pour le fonds et pour la méthode, que durant ces jours d'ignorance, époque de la fondation des écoles.

L'esprit humain dans toute sa force, au commencement du dix-septième siècle, rompit les fers qui avaient accablé sa longue enfance, s'élança dans une carrière libre, et sema sa route de prodiges. Galilée en Italie, Kepler en Allemagne, Bacon en Angleterre, frayèrent les premiers cette route lumineuse. Galilée, perfectionnant le télescope, heureuse découverte du hasard, démontra par l'observation ce système admirable que le modeste Copernic avait semblé présenter comme une hypothèse. Kepler surprit à la nature les lois qui déterminent le mouvement des corps célestes; Bacon, génie vaste, élevé, profond, comme elle, osa la parcourir toute entière; non lentement et en détail, mais comme l'aigle planant sur les hauteurs, et franchissant d'un vol rapide l'espace immense qu'il embrassait d'un coup-d'œil. Ce génie vraiment philosophique accéléra les progrès des sciences naissantes, dirigea les

anciennes dans leurs véritables sentiers,
devina celles qui n'existaient pas encore,
proclama la vanité des fausses sciences, ana-
lysa nos facultés, refit l'entendement humain,
divisa cet arbre antique en trois branches principales, et chaque branche en rameaux parti-
culiers, détermina la filiation naturelle, les
liaisons plus ou moins sensibles, et, pour ainsi
dire, les frontières des diverses connaissances ; montra que tous les moyens de savoir
existaient dans l'observation, tous les moyens
d'observer dans les sens et l'intelligence ; et
posa les limites de l'homme, en lui révé-
lant à la fois et son pouvoir et sa faiblesse.
Descartes parut en France, Descartes, génie aussi étendu peut-être, plus instruit
dans les sciences particulières, surtout dans
les sciences mathématiques dont Bacon n'a-
vait qu'une légère idée, mais moins profond, moins exact en ses vues générales. Il
opéra dans la philosophie entière une révolution plus éclatante et moins solide. Les
logiciens estimeront toujours sa méthode ;
les géomètres n'oublieront jamais qu'ils lui
doivent l'application de l'algèbre à la géo-

métrie des courbes : sur ces deux titres
repose à jamais sa gloire. Mais des calculs
et des observations ont renversé sa physique du monde ; l'analyse rigoureuse des
idées a détruit sa métaphysique ; et quand
Descartes, fugitif, mourut dans la capitale
de la Suède, les deux hommes destinés à ces
grands changements étaient déja nés en Angleterre. Les champs de l'imagination, si
fertiles au seizième siècle, n'étaient point
devenus stériles. En Italie, le Dominiquin
et le Guide, dignes élèves des Caraches; en
Brabant, Rubens et Vandik ; en France,
Poussin, Lesueur, Lebrun, et notre grand
sculpteur Pujet, soutenaient encore avec
gloire la renommée des arts du dessin. Si
pourtant il est difficile de contester en ce
point la supériorité marquée de l'âge pré-
cédent, du moins la plus riche et la plus
variée des littératures accumulait parmi
nous en un demi-siècle plus de trésors que
n'en possédait jusque-là l'Europe moderne.
La langue toscane s'honorait dans la poésie
lyrique d'un Testi, d'un Filicaïa ; l'Angleterre s'enorgueillissait d'un Milton et d'un

Driden : mais où trouver réunis à la fois et conversant, pour ainsi dire, ensemble, cette foule de talents supérieurs à tous, et seulement égaux entre eux ? Corneille, génie créateur, le premier dans l'art d'élever l'ame et d'atteindre au sublime ; Molière, poète philosophe, le premier dans l'art de peindre avec une vérité profonde les travers de l'humanité ; La Fontaine, le premier dans la grace naïve et l'heureux abandon du style ; Pascal, Despréaux, tous deux fixant la langue française, l'un en prose et l'autre en poésie, tous deux les premiers dans l'art si difficile de faire obéir les mots aux pensées ; Racine, le premier dans l'art plus difficile encore de parler au cœur, et le seul émule de Virgile dans la précision, l'élégance et l'harmonie poétiques ; Bossuet, le premier dans l'éloquence du génie ; Fénélon, le premier dans l'éloquence de la vertu. Ces talents heureux ne brillaient qu'en France ; mais la raison faisait partout des progrès rapides. Huighens, en Hollande, découvrait la théorie des centres d'oscillation et devinait en partie la théorie des forces centrales ;

Newton, en Angleterre, Leibnits, en Allemagne, inventaient à la fois la géométrie de l'infini ; Newton seul analysait la lumière ; seul, il découvrait la gravitation universelle; seul, il démontrait par d'immenses calculs le véritable système du monde. Ces deux illustres géomètres, et les Bernouillis, en Suisse, donnaient chaque jour, plus de puissance à l'analyse mathématique; tandis que Locke, tenant en main le flambeau de l'observation, faisait évanouir les rêves de la scolastique, la chimère plus nouvelle des idées innées, sondait les routes que Bacon n'avait qu'indiquées, et perfectionnait les sciences de l'homme.

Une chose paraît échapper à ceux qui déclament avec le plus de zèle contre le dix-huitième siècle. Leur oubli vient peut-être de ce qu'uniquement occupés d'une partie de la littérature de leur pays, ils sont d'ailleurs fort étrangers à l'histoire de l'esprit humain. Ce dix-septième siècle qu'ils veulent bien protéger, fut véritable-

ment l'âge de cette philosophie qu'ils dé-
testent. Il le fut, soit pour les grands résultats des sciences, soit pour l'extrême liberté de penser sur les matières qui excèdent
les bornes de la raison humaine. Fréret lui-
même, dans ses écarts les plus répréhensibles,
n'a fait que renouveler la doctrine de Spi-
nosa : Hobbes ne voit dans les opinions
religieuses qu'une affaire purement politique ; enfin, les modernes adversaires de
toute révélation n'ont cessé de puiser leur
érudition historique et leurs raisonnements
les plus forts dans les écrits de Bayle, de
Collins, de Tindal, de Toland, de Wolas-
ton, gens peu crédules, mais habiles dia-
lectitiens. Ce qui devait distinguer, ce qui
distingue en effet le dernier siècle, c'est l'esprit philosophique, appliqué à tous les
genres d'écrire, à tous les produits intel-
lectuels, simplifiant, popularisant toutes
les sciences, gagnant de proche en proche
toutes les classes de la société, devenant
l'opinion publique, et par là même oppo-
sant une force aussi légitime qu'invincible
à la vieille tyrannie des préjugés.

Fontenelle ouvrit le premier la nouvelle carrière ; Fontenelle qui possédait, non pas un talent supérieur en littérature, non pas une étude profonde des sciences, mais une raison étendue, des connaissances variées, un style ingénieux, brillant, flexible, et l'art inconnu jusqu'à lui d'appliquer avec succès la philosophie à la littérature, et la littérature à la philosophie. Montesquieu vint ensuite. Les Lettres Persannes, ouvrage de sa jeunesse, contenaient, sous les formes d'un livre agréable, le germe des sublimes idées qu'il a développées depuis avec tant de force. Lorsque, s'élevant à de graves sujets, il assigna les causes de la grandeur et de la décadence du peuple le plus fameux qui ait passé sur la terre ; lorsque, plus vaste encore, en interrogeant les lois positives qui ont gouverné les nations, il révéla l'esprit caché des législateurs ; ces fleurs d'une imagination brillante, cueillies dans ses premières études, vinrent embellir des routes stériles avant lui, et long-temps hérissées d'épines. Aussi original que Montaigne, son compatriote, mais plus profond, mais surtout plus riche en idées d'une application facile, fécond dans les choses qu'il découvre, dans les choses même qu'il indique, pensant toujours et faisant toujours penser, plus instructif, jusque dans ses erreurs, que les jurisconsultes dans leurs volumineux commentaires, et que la foule des publicistes dans le cercle étroit de quelques vérités triviales, ce génie vraiment créateur fortifia son savoir immense de toute l'autorité de la raison, et l'autorité de la raison de toute la puissance de l'art d'écrire. Tandis que J. - B. Rousseau, dans la poésie lyrique, égalait, surpassait peut-être Malherbe, Voltaire parut ; Sophocle eut un émule, Corneille et Racine un successeur. Mais des triomphes d'un seul genre ne pouvaient satisfaire ce besoin de gloire dont il était tourmenté. Voltaire, le talent le plus étendu, le plus varié, non pas seulement de son siècle, mais de tous les âges, doué d'une activité sans exemple, et d'un zèle dévorant pour la cause de l'humanité, introduisit à la fois l'esprit philosophique dans l'épopée, dans la tragédie, dans l'histoire, dans la cri-

tique, dans les romans, dans la poésie légère. Il employa contre les ennemis de la
raison, tantôt le sarcasme ingénieux d'Ho-
race, tantôt l'inépuisable enjouement de
l'Arioste. Il accabla les imposteurs sacrés de
ses attaques toujours victorieuses, de sa
gloire toujours croissante et toujours nouvelle. Il répondit aux déclamations par des
bons mots, à l'envie par des chef-d'œuvres,
à la calomnie par de belles actions. Il sou-
leva pour la philosophie toutes les renom-
mées, et même toutes les prétentions; lui
chercha des auxiliaires au sein des cours,
dans les conseils des rois, sous les dia-
dèmes; et, durant soixante années, exerça
sur l'Europe entière une influence bien plus
grande que celle du pouvoir, que celle même
du despotisme ; car cette influence était l'o-
pinion, seule autorité sans limites. Buffon,
par les riches combinaisons d'un style, fruit
du génie et du travail, égala cette nature
si magnifiquement variée dont il fut souvent
l'heureux interprète, et toujours le peintre
sublime. J. J. Rousseau, la gloire de Genève, augmenta le nombre des modèles que

possédait la langue française. Nul ne sut
prêter aux passions une éloquence plus brû-
lante et plus vertueuse ; nul, un langage
plus auguste à la philosophie morale ; nul
surtout ne proclama d'une manière aussi imposante, le principe éternel de la souverai-
neté des peuples. Ses ouvrages seront toujours chers au jeune homme ardent mais
bien né, à la tendre mère de famille, à l'in-
stituteur habile, à l'élève reconnaissant, au
philosophe, à l'homme libre. Si quelquefois
sa raison parut succomber sous l'ascendant
d'une imagination trop active ; s'il devint
misanthrope par excès même de sensibilité,
qui n'a plaint mille fois ce sublime infortuné
à qui la nature avait vendu si cher les dons
d'un esprit supérieur ? En lisant ses derniers
écrits, rêveries d'un cœur malade, qui n'a
pas, en idée, versé sur ses blessures profondes
le baume de la consolation ? Qui n'a pas
mouillé de larmes respectueuses ses pages
éloquentes et mélancoliques ? D'autres per-
sonnages remarquables brillaient après ces
écrivains du premier ordre. Le savant réfor-
mateur de la chronologie, Fréret, faisait

disparaître , sous l'autorité des faits et de la
critique , le merveilleux des mythologies
anciennes et modernes. L'auteur de l'excellent livre des tropes , Dumarsais, approfon-
dissait avec clarté la grammaire et la rhétorique. Condillac , pénétrant dans les routes
que Locke avait déja frayées, exposant tour-
à-tour les principes de l'art de penser , de
l'art de raisonner , de l'art de parler , de
l'art d'écrire , développait cette grammaire
générale , instrument de toutes les sciences,
et langue vraiment universelle. Lavoisier ,
dans ces derniers temps , rendait un hommage illustre à la méthode de Condillac; il
l'appliquait aux sciences physiques, et , par
le résultat d'une saine analyse , ce fondateur
de la nouvelle chimie , en refaisant la no-
menclature , refaisait la science elle-même.
Les arts du dessin , si florissants en Europe,
durant les deux derniers siècles, laissaient
apercevoir, même en Italie, quelques signes
de décadence. Mais Léo , Vinci, Durante ,
Pergolèse, Jomelli, donnaient à la musique
un éclat que leurs successeurs ont encore
augmenté. La poésie voyait briller tour-à-

tour Adisson, Pope, Thompson, Haller, Gessner, Métastase. Deux historiens philosophes, David Hume et Robertson, formés à l'école de Voltaire, marchaient sur ses traces lumineuses que, parmi nous, Raynal a suivies comme eux. Smith révélait aux gouvernements les véritables sources de la richesse des nations ; Beccaria, les principes de l'humanité, de la justice et de la politique, dans l'application des peines aux délits: Linné facilitait l'étude des sciences naturelles par un systême simple et vaste à la fois ; Euler, disciple immortel des Bernouillis, portait l'analyse mathématique à un degré que n'avaient point connu ses maîtres eux-mêmes. Quelques masses sont encore nécessaires pour compléter l'esquisse rapide du dix-huitième siècle. Divers événements ont signalé cet âge illustre ; quoique séparés par des intervalles, il a fallu les présenter ensemble : résultats de l'esprit philosophique, et tous immédiatement liés entre eux, ils nous conduisent jusqu'à l'époque actuelle, et influeront au loin sur les temps à venir. Même avant le milieu du siècle, l'appel que faisait Voltaire à l'Europe, fut entendu par Frédéric. Le monarque prussien fonda sa renommée sur des victoires éclatantes; il l'affermit par des lois sages. Les esprits supérieurs sont les véritables héros de l'histoire : Frédéric était de ce nombre ; et, depuis l'empereur Julien, le hasard n'avait jeté sur le trône aucun génie de cette trempe. Héritier d'une puissance arbitraire, il se sentit fort par lui-même, et lui donna des limites. Il vainquit l'habitude et jusqu'au penchant qui l'entraînaient vers le despotisme. Il osa créer dans son empire, et la liberté de conscience, et la liberté de la presse, droits les plus intimes du peuple, droits établis dans les monarchies tempérées, et sans lesquels le mot de république n'est qu'une amère dérision. Il se fit le disciple, et devint l'égal des philosophes français. Son amitié fut pour eux une égide qui les protégea dans leur patrie, et contre les petites intrigues des littérateurs médiocres, et contre les persécutions d'un pouvoir jaloux. Il introduisit parmi les rois la haine du fanatisme religieux, et quelques principes d'une saine législation.

Catherine en Russie, Léopold en Toscane, Joseph en Autriche, cultivèrent tour-à-tour les germes qu'il avait semés ; et si, dans les gouvernements absolus, le fardeau de la servitude pesa moins sur les nations, la philosophie serait ingrate si elle négligeait d'en rendre hommage au grand Frédéric. Bientôt s'éleva l'Encyclopédie, prodigieux monument, dont Bacon jadis avait posé la première pierre. Deux Français partagèrent l'honneur d'avoir cru possible la construction d'un tel édifice ; Diderot, imagination vaste et ardente ; Dalembert, esprit aussi étendu, moins exalté, plus méthodique, et le second géomètre de l'Europe, puisqu'Euler illustrait encore l'Allemagne. Tout fut merveilleux dans cette entreprise, la hardiesse du plan, la beauté du discours préliminaire, l'un des chef-d'œuvres du siècle, le nombre, les talents, la renommée, le zèle des coopérateurs, la rapidité de l'exécution, l'exécution elle-même, imposante en son ensemble, supérieure en quelques parties, défectueuse, il est vrai, dans plusieurs autres, soit par l'état d'imperfection de

quelques-unes des sciences, soit par la sur-
veillance inquisitoriale d'un gouvernement
ombrageux. Mais le plus grand bien qu'ait
fait l'Encyclopédie, c'est d'avoir tracé pour
jamais, en France, une ligne de démarca-
tion entre les hommes du mensonge et les
hommes de la vérité ; c'est d'avoir rendu
publique cette association long-temps se-
crète d'esprits éclairés, conduits au même
but par des routes diverses. Long-temps
épars, et tout-à-coup rapprochés, ils se
révélèrent l'un à l'autre ; ils s'avertirent
mutuellement de leur puissance. Alors les
véritables gens de lettres se respectèrent et
furent respectés ; alors les partisans surannés
des superstitions virent se fermer devant eux
les portes des académies. La raison trouva
des amis jusqu'à Versailles ; elle obtint même
quelquefois le silence de la Sorbonne : le parlement eut ses Malesherbe, et le ministère ses
Turgot. Cependant, au fond d'une imprimerie de Philadelphie s'élevait un homme qui
s'exerçait à braver la foudre, en attendant
qu'il affrontât le despotisme. De hardies expé-
riences sur l'électricité plaçaient Benjamin

Franklin parmi les physiciens célèbres ; la liberté de l'Amérique septentrionale le fit monter au rang des bienfaicteurs du genre humain. Autrefois le vertueux Penn avait apporté sur cette rive, à des peuplades sauvages, non plus les présents ordinaires de l'Europe, la guerre et la dévastation, mais les avantages de la société civile, l'agriculture, le commerce et l'industrie laborieuse. Sa postérité peuplait ces régions paisibles ; c'étaient les enfants des Anglais : une métropole ambitieuse osa l'oublier. Exigeant des contributions accablantes, elle répondit aux prières par des menaces, aux réclamations par des baïonnettes. La supériorité de l'opinion sur la force fut encore une fois démontrée ; Franklin fit déclarer sa patrie indépendante ; un imprimeur punit l'Angleterre, et l'Amérique instruisit l'Europe. On proclama dans la République nouvelle la nouvelle théorie des droits de l'homme, et sur cette base sacrée fut établi le gouvernement le plus parfait qui eût jusqu'alors honoré la terre. Il appartenait à la France d'imiter la première un si bel exemple, de

garantir, comme les Etats-Unis d'Amérique, la liberté civile, la liberté de la presse,
la liberté religieuse, l'élection vraiment po-
pulaire; de perfectionner encore le système
représentatif, en liant davantage les différentes parties du corps politique, en ren-
dant plus centrale et plus rapide l'action du
pouvoir exécutif, sans le confier aux mains
d'un seul, et sans chatouiller l'ambition
par une trop longue jouissance de l'autorité.
Voilà ce que fit, dans un calme tardif, une
assemblée qui avait fondé la république
française au sein des tempêtes. L'histoire
dira quelle puissance déchaîna ces tempêtes
sanglantes. Elle examinera s'il faut imputer
à la philosophie la proscription des philosophes, à la liberté le massacre de ses plus
intrépides soutiens. Forcée d'interroger tous
les vestiges d'une horrible époque, elle verra
peut-être les mêmes mains distribuer se-
crétement les poignards d'un tribunal homi-
cide et les torches fanatiques de la Vendée.
L'ignominie pesera sur les crimes; mais,
dans cette révolution calomniée par eux,
tout ce qui appartient à la philosophie sub-

sistera. Ces principes éternels de la souve-
rainete des nations et de l'égalité des hommes
seront étudiés et chéris, même sous les gouvernements arbitraires; ils resteront déposés
dans toutes les ames qui sentent la dignité
de l'espèce humaine. Tu nais, dix-neuvième
siècle, pour consommer l'ouvrage des siècles
qui t'ont précédé. Quels hommes ambitieux
de tyrannie ou de servitude t'arrêteraient
dans ta carrière? jeune encore, tu les verras
vieillir et mourir. Ta force est celle de la
nature. Non, la raison publique ne permet-
tra point qu'avili dès ta naissance, tu sois
mutilé par le fer, comme les eunuques de
l'Orient.

Depuis la réforme opérée en 1600 dans
l'Université de Paris, la congrégation de
lOratoire et la fameuse société de Port-Royal
ouvrirent de nouvelles écoles. On y respirait
du moins le goût d'une saine littérature; c'est
à Port-Royal que la France doit Pascal et
Racine, et Masillon sortait de l'Oratoire.
Le sage Rollin rendit les études plus litté-
raires au sein même de lUniversité; il com-

prit que l'histoire devait faire partie de l'instruction, mais il ne songea qu'à l'histoire
ancienne : encore ce genre d'enseignement
ne fut-il jamais adopté dans les colléges.
La philosophie cartésienne n'y fut ad-
mise qu'au moment où l'Europe était prête
à l'abandonner. Long-temps avant, le père
Lamy, de l'Oratoire, fut persécuté pour
avoir osé l'enseigner dans les villes de Sau-
mur et d'Angers. Vingt-cinq ans après la
mort de Descartes, l'Université présenta une
requête au parlement, pour interdire dans
toute la France la doctrine de ce philosophe ;
la requête fut supprimée, grace au judicieux
Despréaux, et quelques traits de ridicule
effacèrent du moins un article dans l'histoire
des folies humaines. La philosophie de Newton fut repoussée avec plus d'acharnement
encore. Il s'écoula soixante années entre
l'époque où Newton publia les principes
de la philosophie naturelle, et l'époque où
l'auteur des institutions newtoniennes professa le premier la nouvelle physique dans
l'Université de Paris. Quant à la philosophie
de Locke, elle ne fut jamais bien connue des

colléges ; le peu de ses idées qui y transpi-
rèrent , y furent constamment défigurées par
un fatras inintelligible. Les nouvelles méthodes de Duclos , de Condillac , de Dumarsais , concernant la grammaire , la logique,
la rhétorique, les langues anciennes, furent
soigneusement écartées, grace au respect
pour les traditions , grace encore à la dignité
des vieux professeurs qui aimaient mieux enseigner qu'apprendre. Aussi la disproportion
devint chaque jour plus étrange entre l'état
des connaissances et l'état de l'enseignement
public. Les colléges suivaient la marche de
l'esprit général , mais comme un nain suit
un géant : chaque pas qu'ils font tous les
deux accroît l'intervalle qui les sépare.

Que signifient donc ces vœux ardents
d'un petit nombre d'hommes pour le réta-
blissement des colléges ? Que veulent dire
ces regrets pathétiques ? quel en est l'objet
véritable ? Serait-ce un cours de langues anciennes, où le grec était à peine enseigné,
où le latin même ne pouvait s'apprendre
que par six ans de routine, sans connais-

sance méthodique des éléments de la langue, vice radical, entrevu par le savant
Tanneguy Lefevre, démontré par l'exact
Dumarsais? Serait-ce une rhétorique, re-
connue insuffisante par Rollin lui-même,
perfectionnée par lui, mais par lui seul, où
la littérature française occupait si peu d'espace, et qui, de nos jours encore, n'était
qu'une septième année de l'interminable
cours de langues anciennes? Seraient-ce ces
deux années de philosophie, où tant de connaissances diverses étaient enseignées par le
même professeur? Seraient-ce ces cahiers
latins de logique? Serait-ce cette logique
elle-même, aussi vaine dans ses recherches,
aussi gothique dans ses formes, aussi barbare
dans son langage, qu'en ces temps où Bacon
la déclarait inutile aux progrès des sciences?
Serait-ce cette métaphysique impénétrable,
que l'on affecte de confondre avec l'analyse,
et qui est à l'analyse ce que les ténèbres
sont à la lumière? Serait-ce ce cours indi-
geste de physique et de mathématiques, où
tous les objets présentés confusément et pres-
qu'à la fois, ne pouvaient laisser dans l'es-

prit que des traces incertaines et fugitives? Seraient-ce ces trois années de théologie qui faisaient d'un étudiant un bachelier, puis un
licencié, puis un docteur? Voudrait-on renouveler ces métamorphoses, et nous faire
rétrograder vers les temps heureux où la cen-
sure de la Sorbonne était nécessaire à la vogue
d'un ouvrage, et où les parlements faisaient
brûler des livres, faute de mieux? Serait-ce le
régime intérieur des collèges? *C'est une vraie
géole de jeunesse captive*, répond Montaigne,
avec cette force originale qui le caractérise.
Serait-ce l'ensemble de toutes ces choses?
Comme si tant de parties également vicieu-
ses, d'ailleurs nullement coordonnées entre
elles, pouvaient former un tout excellent.
Consultez les écrivains qui, dans le dernier
siècle, ont honoré la France et la raison
humaine, Voltaire, Montesquieu, J. J.
Rousseau, Dalembert, Dumarsais, Condillac, Helvétius, Condorcet; il n'en est
pas un seul qui n'ait gémi sur l'état de l'enseignement public. Mais, dira-t-on, c'étaient
des philosophes; ils étaient intéressés à pro-
pager, à défendre un nouveau système. J'en-

tends : la philosophie , apparemment toute
puissante à la cour de Louis XV , leur dis-
tribuait pour récompenses des ministères ,
des gouvernements, des évêchés , des béné-
fices considérables. On sent l'absurdité d'une
telle supposition ; mais si l'on veut dire seulement que le desir d'étendre l'empire de
la vérité faisait l'intérêt de leur vie entière ,
j'accepte , pour leur mémoire , cette accu-
sation glorieuse ; et de tels reproches ne sont
mérités que par de tels hommes.

Pour revenir un moment sur l'ensemble
de l'institution des anciens colléges, voici
ce qu'en disait, dans le temps de leur splen-
deur, un écrivain qui les connaissait parfai-
tement. « J'en appelle à l'expérience et au
« témoignage de la nation , de ceux même
« qui, par préjugé, soutiendraient la mé-
« thode ordinaire. : Les connaissances que
« l'on acquiert au collége , peuvent - elles
« s'appeler des connaissances? Que sait-on,
« après dix années que l'on emploie , soit
« à se préparer à y entrer, soit à se fatiguer
« dans le cours des différentes classes? Sait-

« on même la seule chose qu'on y a étudiée,
« les langues qui ne sont que des instru-
« ments pour frayer la route des sciences ?
« A l'exception d'un peu de latin qu'il faut
« étudier de nouveau, si l'on veut faire quel-
« que usage de cette langue, la jeunesse est
« intéressée à oublier, en entrant dans le
« monde, presque tout ce que ses prétendus
« instituteurs lui ont appris. » Le même écrivain dénonce un abus plus grand encore.
Après avoir observé qu'un étranger à qui l'on
expliquerait les détails de notre éducation,
s'imaginerait que la France veut peupler les
séminaires, les cloîtres et des colonies latines,
il ajoute ces mots remarquables : « On veut
« exclure ceux qui ne sont pas célibataires
« de places purement civiles. Quel paradoxe !
« Il semble qu'avoir des enfants soit une
« exclusion pour pouvoir en élever. Le bien
« de la société exige manifestement une édu-
« cation civile ; et si on ne sécularise pas la
« nôtre, nous vivrons éternellement sous
« l'esclavage du pédantisme. » Les per-
sonnes pieusement zélées pour les vieilles
institutions ne manqueront pas de crier au

blasphême, aux principes révolutionnaires, peut-être même à l'idéologie. Elles demanderont au moins dans quel philosophe, dans quel livre brûlé se trouvent ces passages audacieux. Ils sont tirés d'un discours public, prononcé par un magistrat, parlant au nom du roi de France, au milieu d'un parlement, dans une province éloignée du centre des lumières, il y a déja quarante années.

Le vertueux Lachalotais était digne de manifester avec courage des principes adoptés, même alors, par tous les hommes qui ne redoutaient point leur raison. Les lumières répandues malgré les Universités, rendaient un changement total indispensable. On voulait un enseignement substantiel, où la variété des connaissances vînt à la fois exercer et délasser l'esprit que des études uniformes et rebutantes fatiguaient sans l'exercer. Aussi le nouveau plan présenté par Lachalotais se raprochait, à beaucoup d'égards, du mode actuellement suivi dans les écoles centrales. Je ne parlerai point ici des améliorations que déja l'on peut entrevoir, soit en établissant un pensionnat près de chaque école, soit en étendant par de nouveaux cours l'étude de quelques-unes des sciences, soit en désignant les divers objets d'enseignement qui, chaque année, doivent marcher ensemble jusqu'à l'achèvement des études. Ces idées, importantes sans doute, ont été suffisamment développées dans l'ouvrage que vient de publier un sénateur, apologiste éclairé des écoles centrales, et accoutumé, dans plus d'une circonstance, à servir utilement sa patrie. Mais, en ne considérant les écoles que dans l'état où elles sont aujourd'hui, ce n'est pas un homme de bonne foi qui pourra contester l'immense supériorité du système actuel sur l'ancienne routine. Comment ne pas sentir, en effet, que la méthode des cours séparés est la seule admissible, ou, pour mieux dire, la seule méthode; qu'en France, la langue française doit présider à l'enseignement; qu'il faut cultiver la physique et l'histoire naturelle qui forment l'esprit à l'observation, les mathématiques qui lui donnent le besoin des démonstrations rigoureuses; que l'art du dessin doit entrer, comme ces sciences, dans l'enseignement public, puisqu'il est susceptible, comme elles, d'une foule d'applications utiles aux différentes professions ; que la connaissance de la géographie est indispensable pour étudier l'histoire ; que l'histoire elle-même, que la législation sont les principales études de l'homme et du citoyen ; que dans ces deux cours si importants se trouve le véritable cours de morale, puisque la morale se compose des devoirs de l'homme envers ses semblables, et des devoirs du citoyen envers la société entière ; que c'est dans leurs vrais éléments, dans leurs racines, qu'il faut étudier les langues savantes, sources des langues modernes ; qu'il est nécessaire de faire connaître à des Français la littérature française, en la comparant aux littératures anciennes et étrangères ? Comment ne pas sentir enfin que la grammaire générale ne peut être détachée d'un tel ensemble, à moins qu'on ne veuille élever un édifice sans base, et fonder un art d'écrire indépendant de l'art de penser ?

La patrie appelle au sein des écoles centrales tous les citoyens, sans distinction :
l'enseignement est gratuit. On ose combattre
jusqu'à cette idée si conforme aux principes
de la vraie sociabilité : on ne craint pas de
poser en principe que pour le bien de la société même, l'ignorance doit être à jamais
le partage de la multitude. Ainsi, le but
de l'enseignement serait d'agrandir quelques
hommes aux dépens de l'espèce humaine!
ainsi les hommes seraient divisés par la nature en deux classes, l'une peu nombreuse,
destinée à connaître et à cacher la vérité ;
l'autre immense, innombrable, éternellement condamnée à la servitude de l'erreur!
non, c'est-là une maxime impie qui dégrade
à la fois tous les éléments de l'humanité,
puisqu'elle n'établit dans l'espèce entière
que des tyrans hypocrites et des esclaves
abrutis. La raison n'est pas un privilège de
quelques-uns; elle est accordée à tous pour
examiner, et la philosophie n'est elle-même
qu'un examen perpétuel. L'objet constant
de ses travaux est d'étendre chaque jour les
conquêtes de la raison, d'enhardir à l'exa-

men les hommes accoutumés à croire, de
répandre les lumières avec profusion, avec
égalité, s'il est possible. C'est dans la répar-
tition plus étendue, plus égale des lumières
que consiste la véritable, et peut-être l'u-
nique supériorité du dix-huitième siècle sur
les âges qui l'ont précédé ; c'est en cela que
consistera la supériorité progressive des siècles qui lui succéderont. Laissons ceux qui
vivent de l'erreur combattre la philosophie
par des argumentations aussi lumineuses que
les cahiers de l'ancienne logique ; laissons
quelques rhéteurs défendre encore, dans les
institutions vieillies, les intérêts puérils de
leur amour propre : ils peuvent supposer
l'ignorance universelle, lui insulter, en vou-
lant pourtant la maintenir, et s'isoler com-
plaisamment dans le savoir qu'ils n'ont pas ;
pour vous, jeunes élèves, vous rapporte-
rez des Ecoles centrales des idées plus généreuses, des connaissances plus utiles et
plus fécondes. En quelque poste public
ou privé que vous serviez un jour la patrie,
à la tribune, au sein des camps, parmi les
administrations, dans les ateliers des arts et

du commerce, vous ne serez jamais ingrats
envers les sciences libérales ; jamais vous
n'oublierez que vos lumières appartiennent,
non pas à vous seulement, non pas seulement à la patrie, mais à l'humanité entière ;
qu'augmenter sans cesse la masse des lumières publiques est un droit qu'il est beau
d'exercer ; que c'est un véritable devoir ; et
que dans tous les temps les hommes mémorables furent ceux qui, même avec péril,
ont le plus constamment rempli ce devoir
sacré. L'histoire en ce point s'unit, pour nous
instruire, aux théories philosophiques ; et,
puisqu'il est encore des esprits qui ont besoin
d'autorités d'un grand poids, même quand les
vérités jaillissent évidentes, qu'il me soit per-
mis de terminer ce discours par une haute
pensée du fondateur de la philosophie moderne. « Il est, dit le chancelier Bacon, trois
« genres et comme trois degrés d'ambition ;
« le premier, celui des hommes qui affec-
« tent dans leur patrie une supériorité exclu-
« sive ; genre vulgaire et dénaturé : le se-
« cond, celui des hommes qui veulent ren-
« dre leur patrie dominante au milieu de

« l'espèce humaine ; genre plus élevé, non
« moins injuste. Mais si quelqu'un s'efforce
« de fonder ou d'agrandir la domination de
« l'espèce humaine sur l'universalité des
« choses , son ambition , si c'est là le mot
« véritable , est sans contredit plus saine et
« plus auguste que toute autre. Or, l'empire
« de l'homme sur les choses a pour base uni-
« que les sciences et les arts : car ce n'est
« qu'en obéissant à la nature qu'on par-
« vient à lui commander. »

NOTES.

A la vieille tyrannie des préjugés.

En prononçant ce discours, j'ai cru devoir borner à quelques traits généraux, le tableau de l'esprit humain durant le dix-huitième siècle ; mais les raisons qui m'ont fait supprimer plusieurs développements à la lecture, n'ont pas dû m'empêcher de les rétablir à l'impression.

Quelques traits de ridicule effacèrent du moins un article dans l'histoire des folies humaines.

La requête de l'Université de Paris fut présentée au parlement, en 1675. Elle n'eut point de suite, et ne fut point publiée. Il ne reste d'autres vestiges de cette ridicule affaire, que l'arrêt burlesque, composé par Despréaux ; opuscule philosophique, dont le but et le succès font également honneur au législateur de notre poésie.

Où l'auteur des institutions newtoniennes enseigna la nouvelle physique dans l'Université de Paris.

Il n'y a pas la moindre exagération dans le texte du discours. Ce fut en 1687 que Newton publia le livre intitulé : *Principia philosophiæ naturalis ;* ce fut en 1747 que M. Sigorgne fit paraître ses *Institutions newtoniennes,* et professa la nouvelle physique au collége du Plessis.

Vice radical, entrevu par le savant Tannegny-Lefèvre, démontré par l'exact Dumarsais.

Voyez la Méthode raisonnée de Dumarsais. Voyez aussi, dans le second volume des Mémoires des Sallengre, un petit traité ayant pour titre : *Nouvelle méthode pour commencer les humanités greeques et latines.* Cet écrit, curieux à lire, est de Tannegny-Lefèvre, père de madame

Dacier, et l'un des meilleurs humanistes du dix-septième
siècle. Il avait de la dignité dans le caractère. Il embrassa
par conviction la religion protestante, quand d'autres
l'abandonnaient par intérêt. Il perdit une pension de quinze
cents livres, pour avoir été trop peu docile aux volontés
du ministre Colbert, et dédia son édition de Lucrèce à
Pélisson, victime alors d'une lettre de cachet. Pélisson lui-
même et La Fontaine donnaient des exemples du même
genre. Ces actions généreuses ont été souvent rappelées.
Mais, dans un temps où la moindre puissance n'est jamais rassasiée de louange, et la servitude jamais fatiguée
de bassesse, il faut les rappeler encore, pour encourager
les hommes de lettres qui ont conservé quelque indépen-
dance, et faire rougir ceux qui n'en ont plus.

Peut-être même à l'idéologie.

Depuis quelque temps, il paraît convenu de déclamer
contre les métaphysiciens, contre l'idéologie, même quand
il s'agit de toute autre chose. On fait de plus, quand on
le croit utile, calomnier officieusement la prétendue fac-
tion métaphysicienne. Cela n'est pas bien. D'abord il faut
se persuader que les libelles déshonorent à la fois ceux qui
les font et ceux qui les commandent. Quant à l'idéologie,
c'est la science de Locke et de Condillac ; elle n'est point
NÉBULEUSE, quoi qu'en ayent pu dire certains orateurs.
Elle est très-claire pour les hommes qui pensent : elle est
trop claire pour ceux qui voudraient empêcher les hommes
de penser.

Ils sont tirés d'un discours public.

C'est un excellent ouvrage. Il a pour titre : *Essai sur
l'éducation nationale, ou Plan d'études pour la jeunesse.*

Il fut présenté au parlement de Rennes, et déposé au greffe de ce parlement, le 24 mars 1763 ; il fut publié la même année, sous le nom du procureur-général Lachalotais, qui, déjà, les deux années précédentes, avait dénoncé à ce parlement les constitutions des Jésuites, et qui, depuis, lutta si courageusement contre le despotisme des ministres de Louis XV.

Un sénateur, apologiste éclairé des écoles centrales.

Le C. Destutt-Traci. Il faut lire et relire ses *Observations sur le nouveau système d'instruction publique.* Le C. Garat, dans la Décade philosophique, a fait sentir le mérite de ces observations, avec le talent éclairé qu'il a prouvé tant de fois. Il a bien voulu réfuter, en passant, quelques ridicules déclamations de Laharpe. Quant au Mercure de France, il est arrivé à son rédacteur, Esménard, ce qui lui arrive presque toujours : il a rendu compte de l'ouvrage du C. Traci, sans y rien comprendre, et sans soupçonner même les premiers éléments de la question. Ce n'est pas qu'elle soit inintelligible ; elle est fort simple, au contraire ; mais elle exige apparemment un peu plus de force et d'étendue d'esprit que la prétendue littérature du Mercure de France, ou les petits vers improvisés de mémoire dans les soupers de cérémonie.

Par une haute pensée du fondateur de la philosophie moderne.

Voici le texte de Bacon, v. nov. org. scientiarum ; aphor. CXXIX : *Præterea non abs re fuerit tria hominum ambitionis genera et quasi gradus distinguere. Primum eorum qui propriam potentiam in patria sua amplificare cupiunt ; quod genus vulgare est et degener. Secundum eorum qui patriæ potentiam et imperium inter humanum genus amplificare nituntur : illud plus certe habet dignitatis, cupiditatis haud minus. Quod si quis humani generis ipsius potentiam et imperium in rerum universitatem instaurare et amplificare conetur, ea procul dubio ambitio, si modo ista vocanda sit, reliquis et sanior est et angustior. Hominis autem imperium in res in solis artibus et scientiis ponitur. Naturæ enim non imperatur, nisi parendo.*

P. S. J'en pouvais dire beaucoup davantage sur le détestable enseignement des colléges. J'en ai pourtant dit assez pour échauffer la bile d'un C. Landri, ancien professeur de l'Université, et l'un des *maîtres* du Prytanée. Je plains fort le Prytanée de compter parmi ses *maîtres* un si misérable écolier. Le nommer, ce n'est pas le faire connaître, mais c'est déja lui répondre ; on ne peut même lui faire d'autre réponse, puisqu'il n'oppose que de plates injures à une série de faits incontestables et de raisonnements sans réplique. Il avoue que, dans ses leçons du Prytanée, il est très - sobre d'instruction ; je l'en crois sur parole : mais il avait le droit d'ajouter que, dans ses harangues, il n'est pas moins sobre de sens commun. On y trouve, en revanche, toute l'éloquence d'un régent de sixième, et toute la philosophie d'un professeur d'ancienne logique.

www.ingramcontent.com/pod-product-compliance
Lightning Source LLC
LaVergne TN
LVHW022136080426
835511LV00007B/1151